두꺼비가 울 때

● 도봉구 창4동 주민 글짓기 대회

대상에 '어머니' 당해증 작 당선

오월은 즐거워 / 꽃들도 많이 피어나고 / 나비도 팔랑 팔랑 / 나무는 무럭 무럭 / 새싹은 파릇 파릇 / 사람도 나무도 새싹들도 / 그리고 내 마음도 / 파릇 파릇 돋아나는 새싹 오월은 즐거워 / 나는 즐겁게 노래한다.

지난 5월 11일 창4동 월천근린공원에서 열린 '창4동 주민글짓기 대회'에서 아동부 대상을 차지한 월천초등학교 1학년 문소진양이 노래한 '오월'의 모습이다.

이날 주민글짓기 대회엔 창4동 주민 200여명이 참가해 글제 '오월·어머니·월드컵 축구'를 놓고 글 솜씨를 뽐냈다.

이 행사를 주관한 창4동 새마을문고 김명환 회장은 "새마을문고를 주민에게 알리고 무료로 책을 읽을 수 있는 공간을 소개하고 컴퓨터나 오락에 길들여진 아이들에게 책을 가까이 하여 정신을 살찌우는 역할을 하고 지역주민에게 정보의 보고로서의 역할을 담당할 수 있기를 바라는 마음으로 이 행사를 주관하게 되었다"고 행사의 취지를 밝혔다. 더불어 지역주민과 함께 하는 이런 행사가 다른 동으로 확산되어 책을 가까이 하며 사색하는 인구가 늘어나길 바란다고 전했다.

세시간여에 걸쳐 진행된 글짓기 행사에 주민들은 자못 진지한 모습으로 오월의 햇살과 푸른 나뭇잎의 살랑거리는 소리를 벗삼아 창작에 열을 올렸다. 글짓기를 끝내고 심사를 기다리는 동안 색동회 동화구연연구회 회원 6명이 초대되어 동화연극 '토끼전'을 공연해 참가자들의 지루함을 달래주었다. 대부분 아는 이야기이지만 사물장단과 무용, 민요를 곁들여 하는 토끼전은 글짓기 대회에 참여한 주민들에게 색다른 감동을 선달해 주었다.

200여편의 응모작을 놓고 6명의 심사위원은 당선작을 결정하는데 고심하는 모습을 보였다. 학교에서 또는 인근에서 글쓰기에 자신있는 이들이 모여 벌이는 대회이니 만큼 우열을 가리기가 힘들다는 것이 심사위원들의 한결같은 심사평이었다. 최종 심사를 끝낸 김진호 심사위원(한국글사랑문학회장, 아동문학가)은 "아동작품의 경우 자기 생활 속에서 우러나온 소재를 거짓없이 솔직하게 그려내어 남에게 감동을 줄 수 있는 글에 초점을 맞춰 선별했다"며 당선작을 발표했다. 특히 대상을 차지한 문소진양의 '오월'은 그 나이에 표현할 수 있는 솔직한 심성이 그대로 드러나 최종낙점을 받았다. 이외의 학생부 수상작은 금상 '어머니' (시 자운초5 이예나) · 은상 '어머니' (시 자운초3 양준용) · '월드컵을 위하여' (산문 자운초5 이경율) · 육상 '나의 어머니' (시 월천초6 이수기) · '한국이 간나 16강 기다려라' (산문 자운초6 정혜선) · '문화월드컵' (산문 자운초4 윤선주) · 장녀 '오월의 생활' (산문 노곡중1 주환철) 의 16명이 각각 차지했다.

학생부보다 참가자는 많지는 않았지만 성인 작품의 경우엔 부모가 되어서 느끼는 '어머니'에 대한 진한 그리움이 묻어난 작품들이 많았다. "가슴속에서 우러나오는 어머니에 대한 무게 있는 마음을 기교 부리지 않고 자연스럽게 표출한 작품이 많았고, 어머니에 대한 순수하고 애절한 마음이 무르녹아 있는 작품을 선정했다"고 김진호 심사위원은 밝혔다.

대상 '어머니' (당혜증) / 금상 '오월의 아침에' (정문수) / 은상 '어머니께 올리는 글' (함정옥) / 동상 '어머니' (김종예) / 장려 '어머니' (김문자) · '어머니의 꽃' (정영숙) 등이 각각 수상했다. 특히 대상을 차지한 당혜중(43)씨는 10년 전 교통사고로 머리를 크게 다쳐 거동이 불편한 상태에서 참석해 주민들의 많은 박수와 격려를 받았다. 당씨는 "나와 똑같은 교통 사고로 하루에도 진통제를 많이 드셔야만 되는, 지금은 71세로 연로하신 어머니님이 젊었을 적부터 너무 많은 고생을 하신 것이 못내 안타깝고 내가 이렇게 되어버려 죄송하고 미안한 마음을 남았다"며 "이제라도 걱정  없이 노후를 건강하게 사셨으면 좋겠다고 밝혀 주위를 숙연하게 했다.

당씨는 어머니께 자신의 마음을 이렇게 전하고 있다.

굽은 허리가 안쓰럽다 / 그렇게 정정했는데 / 무엇이, 누가, 왜 이렇게 / 만들었는가? 세월의 뒤안길에서 바람분이 쓸쓸하다 / 그간 고생이, 희생이 / 어머니의 삶이었던가 아직도 고생은 끝나지 / 않았단 말인가? / 부귀도, 영화도 필요없는 / 평범한 삶이었는데...

편히 쉬소서 / 걱정일랑 접어두고 / 고생한 것 뒤로하고 / 편안한 마음으로 발길을 옮기소서

이번 창4동 주민글짓기 대회의 입상작들은 계간지 '글사랑 문학'(어른)과 '동시와 동화나라'(어린이)에 실릴 예정이어서 그 의미가 더 크다고 하겠다. 주민들은 작은 동 단위의 행사지만 앞으로도 이러 백일장 행사가 지속적으로 열리기를 바란다고 밝혔다.

주민들끼리 좋은 계절 5월 자연 속에 모여 많아 삶의 감흥과 교감을 나눌 수 있는 것, 우리네 삶에 작은 행복이 아닐는지. 푸른 5월 속에서 그들은 행복해 보였다.

김영욱 리포터 kimyo712@netian.com

걸으면 당신은 설 것입니다 희망이 보일 것입니다

두께비가 울 때

• 당해증 지음 •

지혜감정

차례 CONTENTS

어머니	006	가을날	058
꿈에	008	나무	060
고뿔	010	비와 당신	062
헌 신발	012	塞翁之馬	064
운전	014	所望	066
세상은	016	슬픈 사랑	068
집으로 가는 길	018	시	070
칭찬	020	심	072
希望歌	022	은행잎	074
인생의 발자취	024	人生[인생] 수첩	076
달팽이의 노래	026	자	078
우산 속	028	잡초	080
엘리베이터	030	주여	082
죽음2	032	진실	084
人生 단풍	034	체념	086
눈물	036	초월의 삶	088
말	038	魂	090
들국화	040	가을 말미	092
쪼다	042	가족	094
엄마	044	구름과자3	096
행복합니다	046	눈꽃	098
smart phone	048	돈	100
그래도 살겠지	050	오지랖	102
용서	052	l.o.v.e	104
천사	054	눈물4	106
눈물2	056	목욕탕	107

졸업	109	글쓰기	158
좋지 아니 한가	111	살만한 세상	159
거부 (巨富)	112	안개꽃	160
비운의 자식	114	위안부	161
지팡이	116	착각	162
coffee	118	친구2	164
거지같은 인생	120	향기	165
국수	122	START	168
동상	124	가을	170
방귀	126	다래기	172
사소취대	128	대추	174
항해	130	독도	176
해바라기	132	동생아	178
허리 up	134	등산	180
coffee2	136	말2	182
가을2	138	무당벌레2	184
잔디	140	술	186
벗	142	아지랑이	188
열무김치	144	오줌 줄기	190
행복의 江(강)	146	온풍기	192
out	148	인생2	194
사랑	150	일	196
외톨이	152	자살	198
희망	154		
가로등과 나	156		
삐다리	157		

어머니

굽은 허리가 안쓰럽다
그렇게 정정 했는데..
누가, 무엇이, 왜
이렇게 만들었는가?
세월의 뒤안길에서 바라봄이 쓸쓸하다

그간 고생이, 희생이
어머니의 삶이었던가?
아직도 고생은 끝나지 않았단 말인가
부귀도, 영화도 필요 없는
평범한 삶이었는데..

편히 쉬소서
걱정일랑 접어두고
고생한 것 뒤로하고
편안한 마음으로
발길을 옮기소서

꿈에

봤습니다!
아버지를 보았습니다

막혀있던 머리가 뚫렸나 봅니다
꾸지 않던
아니 꾸어지지 않던 꿈을 다 꾸니 말입니다
이것이 행운일까요,
우연일까요?
아~

행운이었으면 좋겠습니다
아버지가 살려주려고 오신 것 같아요

그래요!
아버지 내가 생을 포기하기엔
아직 일러요
젊잖아요
토끼 같은 자식이 있고..
사랑하는 이 있으니 조금 있다 갈게요

살려주러 오신 것 아니에요
조금 있다 갈게요, 조금만

외로우신 것은 알겠어요
굳센 분이셨잖아요
끔찍이 여겼던 분이었잖아요
어머니도..
그곳에 가셨어요
그렇게 적막하진 않을 거예요!

고뿔

이맘때쯤이면 꼭 찾아오는 친구가 있다!
오지 말라 해도 고개를 쑥
내 몸으로 들이민다
막무가내다

요번에는 며칠이나 머물다 가려나
요원하다
귀찮은 친구
빨리 가주었으면 좋으련만..

그래!
네가 나를 그렇게 껴안고 싶냐
내가 그렇게 좋아?!
내가 만만해서 그런 건 아니겠지?!

요번에는 빨리 가주라
나는 너를 좋아하지 않아
네가 나를 좋아한대도
나에게는 불청객일 뿐이야!

빨리 가줄 거지?
그러면 얼마나 고마운데
네가 반기는데서 살아
나는 싫거든..

헌 신발

수고했다!
10년간 나의 발이 되어준 너

살때는 깨끗하고 예뻤었는데..
지금은 몰골이 말이 아니구나!!

그러나 인간을 욕하지는 마
모진 고통 참아내며
나와 한 가족이었잖아
가족끼리 욕할 수 없는 것 아니겠어?!

처음에는 너도
모든 이의 마음을 향한 아름다운 비상이 있었겠지

미안하다..
그렇게 해주지 못해서

영광된 자리에 서보지도 못하고
고생만 지지리 시키고
헌신짝 버리듯

눈길도 안주고 돌아서는 매몰찬 인간이 미울 거야

그러나
이렇게 함이, 내가 할 일을 다 한 것 아닐까

그렇게 생각 하면
서운치는 않을 거야

매몰차게 돌아서는 인간은 밉지만
너의 소명이라 생각해
죽음이란
새로운 삶의 시작이거든..

운전

나의 운전 점수는 몇 점일까?
안타깝다
앞만 보고 달려온 나인데
여기서 멈춰야 하다니!
허공에 대고 외쳐본들 메아리도 없구나

우리 발밑에는
엑셀레이터와 브레이크가 있지?!
그런데 혹시
우리는 엑셀레이터만 밟으며
달려온 것은 아닐는지

우리 마음에도
엑셀레이터와 브레이크가 있어!
최고의 운전사는
이 두 가지를 시기적절하게
사용하는 사람이라 생각 돼

너무 과속은 하지 말라는 얘기야
내 안의 나를 깨우는 시간이 필요한 거지

나를 견주어 봐도 그래
내가 별거는 아니지만
스러져 가는 인생은 되지 말라는 얘기지

담백하고 강열한 인생을 살아!!
겉치레에 눈길 주지 말고
너 자신의 본질을 보아야 해
브레이크도 밟아가며
천천히, 천천히..

세상은

세상은..
그렇게 호락호락 하지가 않아!
온실에 꽃 핀다고
대지에 봄 왔다고 할 수 없거든

치우침도 기울어짐도
없는 게 얼마나 힘든 줄 알아!!
中庸의 가르침이지
세상은 그래서 힘든 거야

우리의 눈은 어떤가?

놀랄 일에도 놀랄 줄 모르고
기쁜 일에는 기뻐할 줄 모르며
슬픈 일에도 슬퍼할 줄 모르고
自身은 보지 않고
먼 산만 바라보지 않았던가?!

또 우리의 귀는 어떤가?

어떨 때는 작게 말해도 크게 듣고
어떨 때는 아무리 크게 말해도 작게 듣지
어떨 때는 아예..
남의 말은 귀담아 듣지도 않고 말이지

이런 귀를 어쩔까나?

그래서 세상이 어려운 거야!

내 마음의 굴레에서 벗어나
世上을 품어야 해.

집으로 가는 길

멀다, 멀어
길이 끊겨져 있어!
어쩌면 좋아!!
빨리 가야 하는데..

일찍 핀 꽃이 모두 아름다운 건 아니라오
弱肉强食이 판치는 정글에서
살아남기가 얼마나 힘든가?
꽃구경 하다가 길을 잃을 텐가

힘들었던 경험도 재산이 되지만
당신의 발길
어디로 向하는가는
그 발길이 멈추지 않고
사력을 다하는 생각과 노력에 달려 있다오

운명에 굴하지는 마시게
부단히 노력하고
아가페의 사랑이 충만하면
이 난국을 헤쳐나가리라 생각되네

개천에서 용 못 난다는 생각은 버리시게

결국..
시간과 싸워야 하지만
꽃피는 봄을 봐야 하지 않겠나?

묵묵하게 그리고 꾸준히!!
이것이
경주에서 이기는 비결이라오.

칭찬

칭찬이 나오지 않는다
그저 화만 나고 無意識에
존재감만 희미해질 뿐이다
아..
세월의 덫이여!

상처..
화해..
家族愛를 말해야 하기에
가슴이 먹먹하다
부드러움이 단단함을 이기는데
이 눅눅해진 마음을 알기나 할까?

그래
사랑하고 칭찬하자
칭찬은 고래도 춤추게 하지 않던가?!
세상엔
물의 길이 있고
바람의 길이 있고
마음의 길이 있다고 했다

다스리자!
화만 내고 꿍하고 있으면
춤추는 고래를 볼 수가 없지
나는 봐야해
자신이 충만하고
무엇이든 할 수 있는
춤추는 고래를 봐야해

오늘보다는 내일을 보자!!

希望歌

月하 높이곰 돋아샤
비춰주소서

힘들었던 기억도 재산이 되지만
지금 너무 힘듭니다
꽃 피는 봄 오게 할 수는 없는 가요!

봄 오는 소리에..
심장은 콩닥콩닥 뛰는데
제 한숨 소리는 아직 커요
希望의 窓이 열리지 않아요!

비루한 一生을 미행해 보셨으니 아실 거예요!
머리에 벌써 서리가 앉으려 해요
弱肉强食이 판치는 정글에서
살아남으려고 부단히
노력했지만..

삶의 고통과 두려움에 일그러진
내가 되고 말았어요

싱그러운 풀 향기 속에서 사는
나를 보고 싶어요
두런두런 이야기나 꽃피우면서 열매가 익는..

앞이 안 보이는 나는 싫어요
당신의 환한 얼굴이
온 세상을 밝게 비추듯
내 마음도 환하게 비춰주오!

인생의 발자취

나는 이렇게 작아만 지는가?
작아져야만 하는가!?

다시 가라하면 나는 못 가네
이 좁아지는 마음으로는 갈 수가 없다네
서러워지는 마음을 품고는 더욱 못 가오!

산다는 것은 무엇인가?!
눈물로 얼룩진 나날이 무섭기까지 하다오
훔치는 눈물 속에 희망도 꺾여 버렸다오
가라하지 마오
참아 보라 하지 마오
눈물을 삼키며 가기는 싫단 말이오

눈물 되어 떠미는 인생의 삶이여!
어쩌란 말이냐..

어떡하란 말이냐
슬픔을 주지 말지!!
서러움을 주지나 말지!

'일상'을 품기가 쉽지 않단 말이다
내일 일을 누가 알랴마는
내일을 기약하지 못하는 나지 뭐야
이러면..
결말은 뻔..한데..

눈물 되어 떠미는 인생아!
무조건 떠밀지는 마..
소도 비빌 언덕이 있어야 비빈다잖아
궁지로 민다고 모두 승리는 아니야
상대가 수긍하고 인정해야 되지 않을까?!

달팽이의 노래

나는 달팽이랍니다
느릴 수밖에 없는 내가 되었죠!

그러나 포기는 안 합니다
조금 느릴 뿐..
행복의 나래를 펴야하니까요!!
목적지는 정해져 있으니까요

그래요
더디고 느리더라도 봐줘요

포기는 하지 말라고 勇氣를 줘요
그리고
같이 이겨내자고 힘을 줘요
우리는 한배를 탔으니까요

나의 한숨 소리는 아직 커요
내면의 울림소리 들리나요

벼랑 끝에 선 나는..

작아 보여요
처마 끝에 선, 생쥐 같아요
탈출구가 보이지 않아요

나는 달팽이랍니다
한 많은 삶의 초상이 막막한

그러나..
묵묵하게 그리고 꾸준히
이것이
경주에서 이기는 비결 아닐까요?!

우산 속

어쩌다 우리 사이가 이렇게 되었지?
夫婦는 톱니바퀴인데..
사랑했던 기억의 빈자리
오롯이 자리 잡고 있는 저 앙금은

삶의 고통과 두려움에 일그러진 초상!
날개를 펴다, 상처만 입고
주저앉은 그대
그대는 가장일진대..
두려워 마라, 떨지 마라

눈앞만 보고 위축되면 未來는 없어!
과거보다 앞으로에 무게를 더 두어야해
새는 날개 아닌 머리로 나는 거야
희망을 쟁기질 해둬

우산 같이 쓸 동반자는 있지 않은가
어루만져 보듬고 사랑한다면
그 사랑 영원하리
우산 속 따뜻한

아랫목이 되리

일상은 힘들 거야!!
날아가는 깃털보다 가벼운 건
사람의 마음일수도 있어
무거울 수도 있겠지!?

지금까지의 모든 걸 접어두고
자아에 갇혀 있지 말고
세상을 넓게 봐..

엘리베이터

에이!
짜증을 낸다
한참을 기다렸나 보다
무엇이 그리 급한지..

보다 못해 나그네가 한마디 거든다
엘리베이터가 펑크가 났나 봐요

얼굴이 울그락불그락 하던 사람이
나그네의 한 마디에 조금은
성질이 가라앉는 듯이
보이기도 하다

너무 서두르지 마십시오
삶은 곡선..
돌아서 천천히 간들 어떠리요
죽고 사는 일 아니라면 쉬어 가면 어떠리

아무리 급해도
인생을

성질 나쁜 악과 바꿀 수는 없는 것 아니겠소
이것이 인생이기도 하고요

달팽이 기어가듯
삶 전체를 느릿느릿..
아무리 급해도
부러진 바늘을 옆구리매서
쓸 수는 없는 것 아니겠소

인생에는 리허설이 없는 거라오
당신의 소신을 말할 수는 있지만..
과욕과 과속은 안 되오
안 되는 거라오

죽음2

부르면 가야지 돼!
가는 데는 순서가 없어

영혼의 말랑거림이 신 앞에서는
얼마나 보잘 것 없는가?

삶은 연기 아닌가..
쉰내 나는 삶
어차피 혼자 잠드는 것이라오!

그 사람 젊은데 벌써 갔어!
글쎄..
부르면 가야 된다니까요

그러기에..
아웅다웅 하지 말자구요
인생은 참 덧없어요
한발 물러나 넓게 보고
포용하며 살자구요

복잡다단한 일생이기에
시도 한수 읊조리고
여유를 가지며
삶을 즐겨봐요
인생은 짧아요

거리를 두고 '나'를 보면
'남'이 다가온다니까요
생각이 病든 사람은 되지 말자구요..
먼저 갈 수도 있어요.

人生 단풍

내게도 人生은 아득한 旅路인걸!
뻘뻘 흘리는 땀방울에 여울이 맴돈다

밥 먹고 해..
측은해 하시는 어르신의 목소리가 정겹다
속이 든든해야지 힘나서 더 열심히 하지!
안 그러면 쓰러져..
過猶不及일 수가 있어
지나치면 안 하느니보다 못해!

조금만 더 하고요..
지금 멈출 수가 없어요

여기서 멈추면 내가 아닌 걸요
내가 정한 규칙이라 지켜야 해요
어르신 말은 고맙지만
어기면..
나는 이 자리에 없었을 거예요
하늘에 있겠죠!!

모난 돌이 정 맞는다고 했어요..
나는 지금 정 맞는다고 생각하고 있어요

곱디고운 人生 단풍을 위해..
찌그러진 삶을 살기는 싫거든요
來日을 기약하는 도구로 삼을래요
꺼져 가는 불씨를 내버려둘 수 없어요
潤澤한 삶을 위해서라면..
이 정도 수고는 감수해야하지 않을까요?!

눈물

그대의 눈물은 무엇을 의미하나요!!
아름답습니다
무척 아름답습니다

무엇을 의미하든..
그대의 순수함에 매료되고 말았습니다
얼굴만큼 고운 마음씨를 가졌군요..
마음이 넉넉한 이여!

마음이 묻어나는 걸 느껴요
표현은 안하지만
꽉 찬 사랑을 안고 사는 이여
'조금 더'의 배려를 보여 주는군요

타인의 고통 외면하는
일그러진 일상은 얼마나 많은가?!
항상 길 위에 있다고 느꼈는데
오늘은..
오늘은 소파 위에 앉았군요

삶의 온기를 심어준 이여
가슴 깊은 곳..
정의 울림은 계속 남아 있을 거요
이 세상 소풍 끝나는 날까지

나의 소풍은
즐겁고 고마웠다고
이야기하며 갈 거요..

말

이런 이런!
자기는 그런 말 한 적이 없단다

갖은 듣기 좋은 말로 본인은 높이고..
죽일 놈으로 만들어 놓고는
결코 그런 말 못한단다

당신의 강의를
얼마나 들어주고
얼마나 신빙성이 있는지 모르나

자기가 한 말을 모른대서야
그 강의를 신뢰할 수 있겠소!?
믿겠냐 말이오

입에서 나온다고 모두 말은 아니오
쓰레기통에 있어야 할 말은 꺼내지 마시오

당신이 말해놓고 기억하지 못하는 말은
총 쏜 사람은 없는데

총 맞은 사람은 있는 꼴이오

타인의 고통 외면하는 당신의 강의는
명 강의가 될 수는 없소

입이 즐거운 말은
정신까지 맑게 해준다오
그렇게 해보시지요.

들국화

바늘로 콕 찌르면..
푸른 물이 뚝뚝 떨어질 것 같은
청명한 가을날입니다
병원 모퉁이에 핀 그가
내뿜는 은은한 향기가..
나를 봐 주라는 듯 합니다

관리를 안 해주어서도 아닙니다
오가는 사람들의 위안이 되고 싶었습니다
일그러진 얼굴이..
나를 보고 펴지기를 원했습니다

그런데
그냥 지나칩니다
내가 내뿜은 향기를
가을의 냄새라고 여기며

그래도 괜찮습니다
아무렇게 핀 저지만
원망을 해본 적은 없습니다

봐주기를 원한 적도 없습니다
제가 있어야..
가을이 익어가니까요.

쪼다

애석타!
믿음이 인간관계의 기본이건만
그렇게 믿지 못하며 어찌 사누
어찌 결혼까지 했느냐 말이다

야!!
부인을 그리 못믿냐..
그래가지고 어떻게 세상을 살아가?
세상을 어떻게 호령 할래?!

수신제가 치국평천하라고 했는데
부인도 못 믿어서야 수신제가가 되겠냐
생각 좀 해라
세상을 넓게 보라구..

아끼는 거야
의처증인 거야?!
그러면 줄 없는 거문고가 돼
상대를 신뢰하고 나에 대한 자신을 가져!

그렇지 않고는
계속 쪼잔한 사람으로 살 거야
심장은 건강할 줄 모르나
머리가 바보가 되는 거야..

의심의 눈꼬리는 거두고
창살 없는 감옥에 살지 마라.

엄마

어머니란 말보다 더 정겨운 부름
엄마!
당신도 힘드신데..
자식 걱정에 노심초사 눈물이 앞을 가리고
좌불안석이구나

엄마!
걱정하지 마세요
눈물, 웃음 뒤섞인 게 인생이잖아요
인생은 마라톤의 한 부분이라
생각해요
포기만 하지 않으면
새 삶에 눈을 뜨고
질곡된 삶일지언정
번뇌 속의 나를 끄집어내어
절대로 희망 잃지 않고 살 거예요

늘 주시기만 하고
희생하는 엄마!
이제 당신을 조금 챙기세요

그냥 둘 수 없는 게 자식이라지만
자식은..
지금 상황을 포기하지 않을 거예요
끝까지 봐주시기만 하면 돼요
끝까지..

엄마..
고마워, 감사합니다
그 어떤 상보다 값진 것은
당신의 큰 사랑이야!

행복합니다

행복이 열렸습니다
주렁주렁 달린 탐스런 복숭아 같습니다

어찌 이리 좋을까요?!
생기기 전까지는 몰랐습니다
활기가 없었습니다

지금은 갈 데가 생겼습니다
영혼의 양식을 먹을 수 있게 되었습니다

어디에 감사해야할까요!!!
나의 발일까요
나의 언변일까요

아닙니다..
지역 사회에 공헌하는
하나로에 있습니다

모두가 즐거워하니
동네가 사는군요

행복이 열렸습니다
마음껏.. 따먹어도 되는
행복이 열렸습니다.

smart phone

큰일이다!
화장실 갈 때도 들고 간다
안 가지고 가면 불안하단다
어디서 연락 올까 봐 불안하단다

이런!
기계의 종속자 같으니..

그렇게
1분1초를 다투는
긴박한 일이 있는가?!
화장실가서도 해야 하는 중요한 일이 있느냐 말이다

세상을 좀 넓게 봐라
생각을 하란 말이다

우리는 너무 생각 없이
기계에 종속되어 살고 있지 않나
생각해 봐야 해..
기계가 필요하긴 해도

너무 기계에 의존하면 안 되겠지?!
인간답게 살란 말이다

무엇에 의존한다는 것은
자신을 믿지 못하는 것이거든
그렇게 나약한 사람이었어?!
아니지, 아니지..

기계를 이용하는 것도
사람의 능력이긴 해

그래도
기계에 종속 되거나
구속되는
가녀린 사람으로 살지는 마시길..

그래도 살겠지

삶의 애환이 켜켜이 쌓여서
일어설 수가 없어!?

이봐요..
너무 좁고 작게만 보지 말아요
現實이 비록 좁고 작아도
마음만은 넓고 크다구요!

자신만의 삶 찾지 못하는 내가 답답할 뿐..
그런 人生의 여백이 아쉽다

지금 現實앞에 넘어지더라도
生의 한순간일 뿐 혼탁한 現實이 부담스러운 건
나뿐이 아닐 거야

그런데
내 人生을 바꾸려면..

希望은 하나 뿐
더불어 사는 거야

이치에 맞지 않는 말을 해도
상대의 입장을 생각하고

나를 돌아보아야 해
나의 진실과 진심이 부족하지 않았는가?!

아름다운 마무리를 원하면
自身을 태울 수도 있어야 해.

용서

억눌린 생각들이 표현이 안 되고
억울하게 꿀 먹은 벙어리처럼
속만 태우고 있을 텐가?

참아야 내가 살 길이라지만..
씁쓸 떨떠름한 구석을 지울 수 없으니
어쩌랴!
삶 속에 녹아든 벌거숭이야

사람이 빵으로만 살 수 없을진대..
나에게는
부어도 부어도 차지 않는
인생이 되어 버리는구나
슬픈 인생이여!

비 온 다음에..
하늘은 더 푸르고
무지개가 뜨며
땅은 더 굳어지지
사랑도 더 깊어져

지금 비가 온다면 조금만 더 기다려보시게나

마음을 추스르고
화는 삭이시게
용서야말로 자네가 사는 길일세
빵으로는 안 되는 걸
아는 자네지 않은가?
마음의 열차..
눈물 싣고 달리지는 말게나!

천사

엄마, 엄마..
안녕, 안녕!

하이얀 발끝만 보인다
눈물이 앞을 가려 그 무엇도 보이지 않는다

천석이요, 이천석이요..
어머니 입에 쌀알을 넣고 그저 허공을 때릴 뿐이다

기다림도 잠시 뿐..
한줌 뼛가루로 나오는 어머니는
잘 가라고 손만 흔들 뿐이다

천천히 와..
먼저 가 있을게

당신이 그리울 겁니다
모든 것 주고 떠난 엄마..

어머니의 빈자리는

저의 한 가슴에 멍으로 남을 겁니다

괜찮아...
가족에게 속삭이고 있지만 가슴이 쓰립니다

엄마!!
잘가..

눈물2

반가움의 눈물이었을 거다
안 오는 줄 알았나 보다

기뻐하면서 울 줄은 몰랐다
보잘 것 없는 인간인데..
마음 한 구석 모퉁이를 차지하고 있었나 보다
작고 미약하기만 한데
크게 봐 주는 천사여

당신의 손 위에
내 손을 얹었을 때 떨어지는 눈물은..
따뜻하기만 했소
솜사탕 같이 부드러웠단 말이오
 달래주어야 했기에
부르는 건 이름뿐이었지만
벅차오르는 내 감정은
하늘을 날고 있었소

고맙소, 고맙소..
이 무거운 세상이 님의 눈물 덕에

한결 가벼움을 느낀 다오!
어떻게 살아야 할까.. 걱정도 했지만
지금 내가 살아 있음을 감사 하오
님의 눈물에 찔려 시를 쓰고 있는 나는..
행복하오. 행복하다오.

가을날

가을 냄새가 난다
마음이 급해진다

어둠에 박힌 별이 떨리고
그윽한 그리움의 향기가
사랑이 이다지도 아름다웠나!?

불볕더위 뒤엔 귀뚜라미 울기 마련인데
그 시절..
낭만은 울지 않고 버티네
눈이 부셔 더 가슴 아픈 가을날이여

표정 없이 흘러가는
나른한 삶의 오후..

도려내는 듯한 가슴의 응어리
삶이란!!
물고 물린 욕망의 변주곡이련만

바람처럼 물처럼

한잔 술을 마셔도
허물려하는 이 마음 허물어지지가 않네
허..

추억으로 빈자리 메우려지만
늘어지는 한숨소리

툇마루에 고즈넉이 걸터앉아
인생을 정리하리..
삶을 조명하리.

나무

여러 사람의 그늘이 되고 싶습니다
비 오는 날
잠시나마 비를 막아 주는
우산이 되었으면 합니다

보이는 것이 전부라고 생각하면 바보입니다
우리는 날마다 조금씩 성장하고
변함없이 그 자리에서
많은 사람들에게
위로가 되어 주기도 합니다

사람도 나무와 같다고 생각합니다
보이는 것은 나타나는 것의
전부는 아닙니다
속을 봐야하겠지요

파도가 쳐야 고기도 사는 것이니까요
살면서 풍랑이 없을 수는 없어요
그렇지만..
그것을 이겨내야 하겠지요

제가 움직여서

뭘 얻거나

도움이 되지는 안잖아요

중심을 잡아야 해요

비바람이 몰아치고

그 어떤 어려움을 겪더라도..

이겨내야 해요

내 안에 있는

더 큰 나를 찾아서라도

비와 당신

촉촉이 적셔주오!!
난~
떨고 있다오
무서워서가 아니요, 추워서가 아니요
그리움에 물드는 내가 미워질 뿐이라오

人生의 벗이여!
幸福은 기다리는 것이 아니라
만들어 가는 것 아니겠소
우리 그렇게 삽시다
네가 있어 내가 있는 것이라오

꽃은 추억을 먹고 핀다고 했소
사랑으로 버무린 추억으로의 同行이 짧았던가요
우리의 씨앗은 잘 여물고 있소
추억은 추억을 낳고..
우리의 사랑은 아직 끝나지 않았단 말이오

꽃의 눈물은 마음 먹먹한 한곳에..
嚴冬雪寒이 되어 있다오

번뇌 속에
나를 있게 하지 마오
따뜻한 봄날이 오게 해 주오

마음속에..
훈훈한 비가 내리게 해 주오
嚴冬雪寒의 발 시린 계절은 싫다오
혹독한 겨울나려면..
마음속 따뜻한 불씨를 가져야 하지 않겠소.

塞翁之馬

가장 경계해야 할 敵은 공포심!
완치도 없다는 생각에
어찌 슬픔이 이리 간절한가?
슬픈 사연 어려 있는 지금
나의 未來는..

반전 기대 어려운 상황
보아주는 사람은 많고
歲月의 건너옴에
나의 발자욱은 느리기만 하구나
人生의 좌표를 빨리 찾고 싶은데..

멀리 보라!
자네의 行動이 最先을 다했다 할 수 있는가?
목숨 걸고 부딪치고
역경 속에..
언제나 역전승하게 준비하시게

자네 人生 안 끝났어!
勇氣를 내고

항상 낮은 자세로 준비되어 있어야 해
自身만 내세우고 高姿勢는
역효과만 있을 뿐야

所望

꼼꼼하게 챙기지 못한 나를
원망해 봅니다
걸 맞는 품격 보여야 하지만..
아!!
욕만 먹는 인생이 되었습니다!?
새로운 所望이 생겼습니다
내 생각하기에 부질없는 짓 같지만..
꼭 이루어져야 하기에
염원한 생각이 되었습니다
所望이 이루어질까요?

안 된다는 편견을 깨뜨리고 싶습니다
땀이 즐거운 건 이 때문일까요
삶을 스스로 수정하고
과거의 생각에 철퇴를 가합니다

열매 맛보려면 忍耐도 必要하겠죠!
참아야 하기에
이 마음은 억장이 무너집니다
현실은 더 암담하고

가슴 휑한 삶이 되었습니다
그러나..
뛰어 넘어야겠지요
눈물로 지새운 밤을..
삶이 건조하면 나를
다시 봐야 하니까요!

어둠이 깊을수록
새벽은 빨리 오게 되어 있어요!!

슬픈 사랑

품어야 사랑이지
말로 하는 사랑은 사랑이 아니야
사랑한다, 사랑한다..
말로만 하는 사랑은 진짜 사랑이 아니지!!
상대의 입장에서 생각하고
혼자만의 힘으로는 못 푸는 것이
사랑이지!

사랑은..
행복한 삶의 습관이야
사랑도 혼신의 노력이 필요해
아가페의 사랑은 더하지
사랑을 기다리지는 마
사랑을 주고, 사랑을 해봐!
따뜻함이 번지는 아지랑이처럼
아지랑이 사랑을 해봐

마음속에는 훈훈한 비가 내리도록 하고
슬픈 사랑이 있게는 하지마
사랑은..

밖에서 오는 사랑도 있지만
자기 마음 안에서
향기처럼 피어나야
진정한 사랑이지
진정한..

사랑하는 마음이 중요해
사랑이란 이름의
허구에 빠지지 말고
진정한 사랑을 해..

시

시란 무엇일까?
내가 ***시인을 잘 알아요
그분은 참 예쁜 말로 시를 써요
어떻게 그렇게 잘 쓰는지 모르겠어요

그렇지만 시가 예쁜 말로만 되는 걸까?
그건 아닌 것 같다
예쁜 말만으론 시가 되지 않는다
읽는 이의 심금을 울릴 수 있어야 한다

아름다운 미사여구가
읽는 이의 감동을 줄 수는 없다
생각을 같이 하고
동감해야 되지 않을까?

울고 웃김에 뜻을 다하고
영혼을 달랠 수 있어야 한다
눈 녹듯 한 포근함과 절박감
정겨움이 있어야 한다.

시엔 생명이 있다
생명이 있어야 한다.

심

사람은 심이 깊어야합니다
이래서는 안 되는데 가벼운 사람들 참 많죠!

연필에서 重要한 것은
외피를 감싸고 있는 나무가 아니라
그 안에 든 심입니다
그것 없이는 연필이라 할 수 없죠

우리 삶에서 重要한 것도..
역시 '心'입니다

'마음' 이라 할 수 있죠!
마음은 항상 깨어 있어야 합니다
열려 있어야 하지요
마음의 소리를 귀담아 들어야 하고요

연필심에서
글씨가 나오고 그림이 나오듯이

마음은 언제나 열려 있고

생각이 앞서야 합니다
생각하지 않는 삶은 우둔한 삶입니다
생각해야 무언가 얻을 수 있을 것입니다

생각은 운명입니다
짧은 생각, 긴 생각..

단
'우물' 에 갇힌 생각은 마십시오
그래서
열린 마음이 必要한 겁니다
그래야 幸福해 지고요!!!

은행잎

초겨울의 한적한 길거리에는
황금물결이 출렁거린다
누가
부르지도 않았는데 차곡차곡 쌓인다

한 여름 뙤약볕에 그늘을 주고
나그네의 축 처진 발에
생기를 주던 너
네 옆에 서서 땀까지 닦을 여유까지 주었는데..

가을이 되니
출렁이는 황금물결이 마음의 안식까지 주는 구나
한적한 구멍가게 앞에
떨어지는 황금물결을 쓰는 村老의 손놀림이 정겹다

들리나요, 풍경소리
가을이 저물고 있는 이 거리
비움의 공간으로 채워짐에
우리의 마음은 더 풍요로워지네요

끝은 또 다른 시작이래요
낙엽 밟는 소리 들으며
그윽한 나로 취해 봐요
떠나는 가을을 아쉬워말아요!

人生[인생] 수첩

내 수첩에는 무엇이 적혀 있을까?
아니
무엇을 적을까?!
가까이 오는 심정이 먹먹하다

가슴 깊은 곳
恨[한]의 울림이 퍼지고..

적어야할 것은 많은데
쓰여지지가 않고
몽환적인 꿈속을 헤매네..
 숨 가쁘게 돌고 돈 '인생의 룰렛'

한번 삐끗하면
나락으로 떨어지는 게 인생인데

제 살을 베기는
얼마나 어려운가!!
삶은 도망쳐서는 안 될 '그 무엇'
이건만..

흘러간 時間[시간]에
온기가 퍼졌으면.. 해

느릿..
느릿..
속도를 압도하는 삶들이
나를 억누르는데..

흐르는 강물의
등을 떠밀지는 마라.

자

사람은 저마다
자신만의 자를 들고 다니며
세상을 봅니다!
인생을 재보기도 합니다

부디..
당신의 자는
크고 넉넉하며
포용력 있고 배려심 깊은
사랑의 자 이었으면 좋겠습니다

자대를 함부로 놀리지는 마십시오!
상대의 내면을 읽지 못하면
아무리 옳은 주장도 설득력을 잃어버립니다
감수성이 논리보다 중요할 때가 있지요

그래요..
세상일은
내 생각과 배치될 때가 많아요
'나만의 생각'을

뽐내야 하겠지만..

세상일이 내 맘대로 되지는 않죠..
그것이 인생이고요
살아가는 삶의 터득 기술을
지혜롭게 습득해야 해요.

잡초

깨어진 벽돌 사이로 먼지가 쌓이고..
그곳도 흙이라고 뿌리를 내린 너는 대단하구나!

오가는 사람들에 밟히고 밟혀도
끄덕 않는 너..
누가 너를 쓸모없는 잡초라 했던가?
그 생명력은 가히 대단한데
존중해줘야 하는데..

그저 스쳐 지났을 뿐인데..
너에 대한 묵직한 여운이 남는 건 왜일까?

人生의 그루터기에 미친 생각..
터널 끝은 보이지 않고
잡초의 끈질김은 어디 갔는가?
내 마음은 悲에 젖어 있는데
갈수록 짙어지는 그리움..

슬픔도 괴로움도
잠시 씹다 버릴 수 있다면..

힘들 땐 이렇게 읊조려봐
'이것 또한 지나가리라…'
세월이 물같이 흘러
은백의 속살 도려내는 아픔 있지만
입 꼬리가 처지면
삶은 더 허전해 진단다.

주여

주여!
피 흘리는 이 어린양을 그냥 놔두실 건가요
주님은 믿음이 이긴다고 하였습니다
그런데..
왜 그러세요

제 믿음이 부족한가요?
무얼 잘못했나요..
제 마음은 주님을 믿은 후
한번도 마음을 바꾼 적이 없는데..

'세상 끝까지 널 지켜줄게'라고 하신
주님의 말씀을 다시 한 번 되새겨봅니다
버리지 마소서
늪에 빠져 허우적대는
올라오다 피를 철철 흘리는 심령을 보듬어 주소서

손잡아 주소서
살짝이라도 좋으니 touch 하여 주소서

지금 이대로라면
나 자신만의 삶..
찾지 못할 것 같아요

끝까지 싸울게요
악마에 영혼 팔지는 않을게요

저는..
아직 갈 길 멀거든요
혼탁한 현실을 없게 해줘요.

진실

진실은 가려지지 않아!!
한 뼘 손으로 태양을 가릴 수 없듯이..
내 속사정 알고나 있는지 묻고 싶네요
쓸쓸함을 삼켜가며
시린 가슴 보듬는 내가 밉구요

사랑을 얼리진 못해요
겨울을 지나 보아야
봄 그리운 줄 알듯이..

人生의 여백은 많이 남아 있는데
지금은..
모두가 백지 상태네요
무엇을, 어떻게 채울까
걱정도 되고요

공간의 여백을 비집고 들어온 그대
그대의 붓은..
멈춰서 있네요

고독이 짜해낸 깊은 울림이
전해지길 바라오
'내 안의 나'를 보여주고 싶다오
그대의 붓은 아직 활화산 아니오
터질듯 한 그대 아니오

멈추지 말아주오
붓 가는 대로 휘저어 주오
나의 여백을 채워주오.

체념

체념하지 말게 해주시게
체념은 나를 포기하는 것 아니겠는가?

쓰라린 허물을 덮기엔
나는 지금 너무 억울하다오!
펴보지도 못한 생각의 나래들이
허공을 헤매고 있다오
울다 울다 목이 메어
머릿속까지 하얗게 비우는
내가 되고 말았다오

저절로 이뤄지는 것은 없는 건 안다
그래서 더 포기하지 못하는 거다

너절한 일상을 벗어나고픈 나의 몸부림!
나는 살아가면서 잃은 게 너무 많다
얻을 수 있는 것도 있어야 하는데..
잡히는 문고리가 안 보인다
아직 터널 속이란 말인가
한줌의 햇볕도 그리운데

님아!

따스한 햇볕이 되어주오
나의 문고리가 되어주오

나의 가슴에 있는
향기가 널리 퍼지게 하고 싶소!
'완벽한 반쪽'이
그래서 必要한 것 아니겠소!
님이 있어 幸福했어..를 느끼게 해주시게
지금 느끼지 못하면..
내 인생은 실패요, 죽은 목숨인 걸!!

초월의 삶

나는..
구세대인가 신세대인가?
앞으로의 진척을
구세대는 못 따라 간단다
뒤척이다 툭 떨어지는
흔들리는 꽃잎처럼 겹겹이 쌓인 생

마음 열기 위해
나는 얼마나 애썼는가?
하루살이 인생이 되지는 않았는지..
곪아버린 상처는 터졌는데
삶의 향기는 빚어지지 않고
퀴퀴한 냄새만이 진동하누나

삶은 왕복 없는 편도 여행..
알 수 없는 울부짖음에
내 속살은 드러나고
결전의 날엔..
배를 불태우고 솥을 깨트려라지만
나의 배엔 아무것도 실려 있지 않네..

뛰어 넘으시게
속살은 드러났지만
머리 짜내기보다
'생각의 틀'을 바꿔보시게
잊고 살았던 삶이 보이리니
그대 가슴은 따뜻해지리..

魂

영혼의 떨림이여!
사시나무가 되지는 말게..
지금 이것도 지나가리니
견뎌 보시게
세상이 나를 야속케 하여도
나는 나라네
긍지를 가지시게

실패한 인생이란 없는 거네
단지 착오가 있었을 뿐이야!
실패를 踏襲하거나
두려워하지는 마시게나

비루한 삶..
치사한 삶..
그래도 건너야할 삶이라면
그 자체를 즐기시게
그것이..
자네의 인생을 더 알곡지게 만들 거네
아시겠는가?

서글퍼도 웃어야지..
그게 삶 아닌가?!
논리적 인간의 핵심 요소는
새롭게 통찰할 수 있는 능력이라네

본 게임은 이제부터..라고
생각해
凍土의 '술 취한 나무'가
되지 말고
부딪쳐 봐!
사람들 속에 답이 있어
답이 있는 거라네..

가을 말미

벌써 첫 눈이 왔단다!
올 겨울은 빨리 오려나 보다

떨어진 단풍잎 2장을..
읽던 책갈피에 끼우는 소녀의 손은
떨리고 있었다

오색찬란하던 단풍은 다 떨어지고
앙상한 가지 위에 매달린
빛바랜 나뭇잎 하나

소녀의 눈가에는 울먹울먹
눈시울이 붉어진다

저 친구 떨어지면 진짜
겨울이런가..

촉촉이 적셔지는 소녀의 눈가에는
아련한 추억에 젖어 있다

쌀쌀해진 날씨에
당신의 손은 따뜻하기만 했었지

저 꿋꿋이 버티고 있는 낙엽도
좋았던 추억에 버티고 있을 거야

그럴 거야..
눈시울 안개속이 이 가을의 끝을 알리네.

가족

가족이란..
싫던 좋던 묶여 있는 거야
등질래야 등질 수 없는 관계인거지
참아야 할 때도 많아

울 때도 있을 거야
웃을 날이 더 많아야겠지만
현실이 그렇지 않지?
그래도 가슴앓이는 하지 않았으면 좋겠어

내 몸도 내 맘대로
안 되는 게 인생이잖아
우리 가족은 삶의 인내심을 잃지 않았으면 해
밑바탕엔 타인에 대한 배려가 꼭 있어야 하고

그래!!
다시 시작하자
깊은 삶, 큰 울림..
험한 세상에 별이 되어보자

버거웠던 세파
힘겨운 삶일지라도
실존의 암흑 속을 헤매지 말고
항상 즐기고 따뜻한 마음 잃지 않길 바래!

구름과자3

나빠요!
애가 날 아프게 했어요
얼마 살지 못 한대요
과자 하나 입에 잘못 대서
이제 가려나 봐요

나는 왜..
짜리 몽땅, 절구통이 좋다고
키스를 일삼아 왔던가?
그것도
한 시간이 멀다고 빨아 댔으니

5cm 남짓한 것이 매력은 있다
자꾸 나를 만지라고 손짓 한다
자기와 키스하잖다
거기에 속아서 못 참고
그와 입맞춤을 일삼아 왔었다

죽음의 구렁텅이에 빠지는 줄도 모르고
잠시의 환락에 취해버렸으니..

살려달라고 애원도 못하고 이게 뭔가!!!
나를 탓할 수밖에
나를, 나를..

눈꽃

앙상한 가지 위에 핀
순백의 눈꽃 송이
마음의 넉넉함도 여유로움도
모두가 사랑이어라

가을엔
사각사각 낙엽 밟는 추억을 선물 하고
보는 이의
낭만을 깃들게 하누나

비가 주룩주룩 내리니
실록으로 처마가 되어주고
지친 이들의 쉼터가 되어 주기도 하며
잘 살아 보려하네

기지개켜며 만물이 소생하는
따스한 봄날도
아지랑이 속의..
몽환적 꿈속이어라

봄 여름 가을 겨울
특히 겨울을 좋아하는 아이!

돈

돈 돈 돈, 돈..
돈에 너무 집착 말자!

우리가 살아가는데
돈이 필수 필요조건이긴 해
없으면 불편하고 아쉽기도 하지
비굴해지기도 하고
암담한 일을 당할 수도 있어

돈만 있으면..
뭐든지 할 것 같고

그러나
행복이 돈으로 이어지는 것은 아니야
찢어지게 가난해도
그 속에서 즐거움을 찾고 즐긴다면
고난과 고민은 멀리 도망가

삶이 힘들고 어려워도
자기하기 나름인 것 같아

지금
당신을 어렵고 비굴하게 만드는 사람들도
돈으로 지배하려는 사람들도
반드시 돈 때문에 어려움을 겪고
돈 때문에 울 거야!!

오지랖

자기가 속병이 드는 줄도 모른다!
가슴이 답답하고..
숨이 막혀 온단다
쯧쯧..

당신의 마음이 찢어지는 줄도 모르는 이여..
흐르는 물의 허드렛물이 되지는 마십시오

막혀 있어도 안 되지만
온갖 구석구석을 쫓다보면
당신은 이 자리에 없을 거요

강가에 박혀 있는 돌이 되어야지
일희일비하며 모든 일에
참견하는 물이 되어서
아까운 生[생]을 마칠 수는 없지 않소?!

물읍시다!
세상 제일 중요하고 소중한 사람은 누구일까요
내가 잘 나가야 하고요

내가 잘 되어야 합니다..
오지랖을 펼 때와 오므릴 때를 잘 판단 하십시오

세상 제일 중요한 건 나예요
내가 없으면, 세상도 없는 걸요.

l.o.v.e

사랑도 지나치면 병이런가?
머리에 꽉 찬 생각이 지워지지 않는다
저며 오는 가슴의 통증도 사라지지 않고
미련과 애달픔만이
내 몸을 붙잡고 놔주지 않는다!

님이여!
오늘은 곧 사라집니다
과거에 얽매이지 말고 오늘 행복해야 합니다
저며 오는 아픔도 잊어서
오늘 행복해야 합니다

그러기 위해선
자기를 존중해야 합니다
사랑해야 합니다
자기를 귀히 여기세요
좌불안석 마시고요

님이 없으면
세상도 없는 거예요

내 인생..
story는 무엇인지 성찰해 보고
자신을 포장하고 있는 보호막 걷어내시라!!

눈물4

사람은..
태어나서 3번만 운다는데
이거
툭하면 우니 어쩌누!!

남들이 우니까 울고
안된 것 보고 가슴 아파 하고
오지랖이 넓어서 일까
남들이 얘기 하는 마음이 여려서 일까?

나이 먹어서도 그러니
도무지 갈피를 못 잡겠다..
나 나름대로의 핑계를 만들려 해도
마음에 와 닿는 핑계거리가 없다

바보!
넌 지금 잘 살고 있는 거야
세상이 야박하다지만
너 때문에 세상은 아직 살만한 거야.

목욕탕

못 걷는 사람!
팔 못 쓰는 사람..
온갖 불구자들이 모여서 씻고 있다
중풍병자가 대다수라 주의를 요하지만
여기에 찬물을 끼얹는 자가 있으니
아, 글쎄!
여기가 병신들의 집합소란다

그렇긴 해도..
듣기에 영.. 거북스럽다

그렇게 말하지 마시게
누구는 아프고 싶어서 아프는가?
 당신은
육신은 경미하나
그렇게 말한다면..
당신은 진짜 병신일세
마음이 삐뚤어져도 한참 삐뚤어졌네

진짜 씻어야 할 것은

당신의 마음일세

몸만 깨끗하면 뭐하는가?
삐뚤어진 마음을 씻게
당신의
그 삐뚤어진 마음을 씻지 않고는
세상이 어두울 거네
암흑의 눈동자를 무덤까지 가지고 갈 텐가?!

졸업

너희들..
졸업이 무슨 의미인지는 아는가?

깨끗해지려는 마음으로..
밀가루나 뿌리고
입고 있던 교복이나 찢는 것이
묵은 때를 벗기는 방책이 될 수는 없어

정든 교정을 떠나고
못 만나는 친구들 때문에
눈물바다가 되었던 스산한 마음을
너희는 느껴야해

졸업은..
끝이 아니라 새로운 시작이야

추한 모습으로 스러지는 게
졸업이 아니야!!
너희들의 일탈이..
더 먼 길을 가야될지도 몰라

경거망동 하지 말자
새로운 출발점에 선 너희는
굳센 결의를 다지고
멋있게 출발선에 서야해

새로운 미래가
그렇게 호락호락 하지 않거든

학창시절의 끝이
사회의 초년병이라는 것을 명심하시길..

좋지 아니 한가

몸이 불구라도
움직일 수 있으니 기쁘지 아니 한가?!
흘리는 땀방울이 세워 준다고 생각하니
이 또한 기쁘지 아니 한가

흐르는 눈물을
닦아줄 이 있으니 기쁘지 아니 한가
같이 울어줄 이 있으니
이 또한 기쁘지 아니 한가

내 몸이 좋아지니 웃음이 나더라
그런데..
영문도 모르고 웃어 주더라
이 또한 기쁘지 아니 한가 말이다

인생은..
같이 하니까 좋다
다름도 만나면 이미 다름이 아니지 않는가??
이 모든 것을 같이 하니
좋지 아니 한가~

거부 (巨富)

돈은 어떻게 벌어야 한다!?
개처럼 벌어서 정승처럼 써야 해요

아니!!
누가 그런 씨알도 안 먹히는 소리를 해요
돈은
그렇게 고상하지가 않아요
밴댕이 뒤집듯이 뒤집히는 게 돈이야

돈을 개같이 벌면..
개처럼 쓰지!

지저분하게 벌면 지저분하게 쓰더라고
참 웃기는 세태이지..
그런데 요즘 세태가 그래
정승처럼 쓰라는 얘기는 호랑이 담배 피우던
시대의 이야기가 되고 말았어!!

돈을
잘 쓰려면

떳떳하고 깨끗이 벌어야 해요
노력의 대가로
정당하게 벌어야지
공짜나 바라고 허황된 집착으로
부당하게 번 돈은 부당하게 나가요

행복은
멀리 있지 않아요

잘 벌어서 잘 씁시다
거부가 안 되어도 좋으니
더 나은 꿈을 꿈꾸며
현실에 만족하며 삽시다
인생은 공수래공수거 인걸요.

비운의 자식

나는 불효자입니다!
아버지께서는 병상에 있는데..
좋다고 v자를 그리며 결혼식을 했습니다
그것도 혼수를 받다가 난 교통사고였는데..

나는 불효자입니다
아버지의 임종도 보지 못했습니다
어쩔 수 없는 상황이라 해도 그래서는 안됐습니다
어떤 이유에서라도 지켜봐야 했습니다

어머니는 어떤가요?
불구가 됐다는 핑계로
장가도 안간 동생에게 어머니를 모시게 했습니다
이 또한 있을 수 없는 일이었습니다

쓸쓸히 눈 감으셨을 어머니를 생각하니
불효자가 아닐 수 없습니다
모진 고통 감수하고
자식 위해 산 분인데..

나는 진짜 나쁜 놈입니다
장모님이 암 투병중인데 찾아뵙지도 못하고 있습니다
어버이 살아 실제 섬기기란 다하라 했는데..
그렇게 하지 못하고 있습니다

마음먹기 따라 달라지는 게
'세상의 이치'건만
꽁무늬도 못 쫓아가니
불효자 확실합니다.

지팡이

건너 갈 길이 막막하다
2차선 횡단보도 인데
10리는 되어 보인다
무슨 깡인지 보조할 지팡이도 가지고 있지 않다

이 일을 어찌하누!
떨어지지 않는 발걸음을 메고 갈 수도 없고
건너가는 사람들의 뒤꿈치만 보일 뿐이다
이런 제기랄..

쳐다보던 나그네의 눈엔 그새 눈물이 고였다
자기의 한심한 모습에 절규하면서..
머뭇, 머뭇
그래도 발이 안 떨어진다!

우야꼬!
하염없이 바라보던 나그네가 용기 내본다
저..
다음 신호에 저 좀 도와주겠어요

발이 안 떨어져서 그런데..
도와주신다면 백골난망입니다
....?!
흘깃 쳐다보고 도와주긴 한다

가엾었나보다
달갑지 않은 듯한 손길
소원하게 붙잡고 건너는 그를 보며
목으로 흐르는 눈물을 삼키며 건넌다.

coffee

어쩔 수 없이 용서해준 꼴이 되었다
슬그머니 다가와서
먼저는 미안했다고 말하고
총총히 사라진다

보기도 싫다기에
쳐다보지도 않았는데..
먼저 다가 온 사과에
얼었던 마음이 눈 녹듯이 녹아내린다

마음이 유해서일까?
물러 터져서일까?
저며 오는 이 마음을 알 수가 없구나
그러나.. 이것만은 알기 바라오

'내가 보는 것이 바로 나' 이고
'내가 생각하는 것이 바로 나' 입니다
'내가 말하는 것이 나' 란 말입니다
'내가 행동하는 것이 나'란 걸 명심 하십시오

실수나 잘못
돌이킬 수는 없지만
'진심어린 사과' 만이 신뢰 얻는 다오
좀 더 겸손해지길 바라오.

거지같은 인생

뭘 얻어먹어서 거지가 아니다
내 뜻을 못 펴고 사는 게 안타까울 뿐이다
젊은 날 세웠던 계획이
이렇게 사상누각으로
폭삭 무너질 줄 몰랐다

예전엔 안 그랬는데..
지금은 뭘 해도 구박이다
이치에 맞지 않는 말을 한단다
내가 생각해도 구구절절 맞는 말이다
그렇긴 해도 마음의 상처가 너무 크다

내가 잘못 본 걸까?
아니다, 아니다..
그래도 인텔리 아니던가!?
무슨 말을 해도
답변할 수 없는 내가 한심스러울 뿐이다

한 번뿐인 인생이니까
갈 데까지 가보자는

생각도 들지만
허공에 떠있는 막연한..
막연한 생각일 뿐이다

그래 죽어 살자
지금 내 삶
이건 아니다 싶지만
밭 갈다 콩잎 뜯어 먹었다고
소를 잡을 수는 없는 것 아닌가?!

국수

오늘은 귀 빠진 날이다
무거운 몸으로 눈을 떴을 때..
왠지 모르게
우중충한 날씨가 맑아 보였다

느낌뿐이런가..
얼른 몸이 일으켜지지 않는다!

한 시간여 비비적거리다
일어나, 일어나란 말이야
속으로 외쳐본다
그래, 일어나자

오늘은 좋은 날이잖아
기뻐해야 할 날이잖아

아침상을 물리고
디저트 시간에
커피 잔이 입술에 닿을 즈음
불현듯 엄니 생각이 났다

엄니는 잘 계실까?
하늘이 꽤 넓은데..

소싯적 엄니는..
장수 염원으로
저녁엔 꼭 국수를 해주셨는데
길게 살기 원했던 엄닌데

엄니! 지쳐가요..
가늘고 길게 사는 것이 최선일까요??

동상

미안하이!
얼마나 힘들었겠나..

지금 벌어지고 있는 이 현실을
운명으로 치부하기엔
너무 가혹해서
내 할 말이 없네
용서란 말도
사치로 들리는 것 같아
쥐구멍이라도 찾고 싶은 심정이네
돌아서서 눈물을 훔치면 뭐하겠는가?

이제
모든 시름 잊고 살게

거칠게 살아온 자네지만
본인도 챙기면서
매일 해가 떠오르듯
사람은.. 날마다 새로 태어나는 것이라네..
오늘은..

동상에게 남아있는 날들 중에
가장 신나고 빛나는 날이 되길 바라네
삶에 대한 여유를 더 가지고

새로운 내일을 만드는
희망이 있길 바라네..

방귀

웃을 일이 아니다!
나이를 먹다 보니 몸이 많이 축 갔나 보다..
시도 때도 없이
뿡뿡이다

죽으면 늙어 야지..
이 무슨 주책이야!

아등바등 살았는데..
병든 몸뚱이만 덜렁~
초라하기 짝이 없는 내가 멋쩍구나!
스산한 마음만 어루만질 뿐..

시간은 간다
또깍또깍..

힘든 순간 생각하면 눈물만
난..
강한 사람이고
열정적인 사람이었건만..

묻는다!
그 열정 다 어디 갔냐고..

시간을 다스릴 수 있다면
방귀나 끼고 멋쩍어 하는
나는
아닐텐데..

세월을 탓하랴..
슬퍼도 살아가는 거야!!!

사소취대

님이여!
자신은 병들어 가는 줄도 모르고
피폐해져 쓰러져 가는
이 영혼을 어찌하오..

제발, 제발..
작은 것에 연연하지 말란 말이오
작은 것 취하다가
큰 것을 잃는 것이 인생사인데..

님이 그 꼴이요
안목을 넓히란 말이오
먼저 해야 할 것이 무엇이며
나중에 해야 할 것이 무엇인지
현명한 판단을 하란 말이오

내 몸보다 중요한 것은 없습니다
이런 말이 있잖아~요
돈을 잃으면 조금 잃은 것이다
명예를 잃으면 많이 잃은 것이며

건강을 잃으면..
내 전부를 잃은 것이다 라고..

사랑은 남에게 적당히 주고
자신을 더 많이 사랑해 주오!!

항해

침몰하기 일보 직전이다
항해사가 KEY를 놓치려 하고 있다
다시, 다시
잡으려 하는데..
몸은 따라 주지 않고
마음만이 앞설 뿐이다

잡아!
잡아야 돼..

KEY를 놓치려하는 항해사는
강한 폭풍우도 헤쳐 나갈 수 있는
뜻과 포부가 있었다
아니..
어떤 폭풍우도 뚫을 수 있었다
하늘을 찌를 듯한 패기는 그 누구도 막지 못했다

허지만, 허지만..
이게 뭐야, 뭐란 말이야..

인생은 잠시 있다 사라지는
안개와 같다지만..
이루지 못한 갈등의 바람은
쉬지 않고 불어와
삶을..
어둡고 우울하게 하는 구나

아니야!
그래도 GIVE UP은 안돼, 안된다구..

해바라기

답답한 일상이..
해만 바라보는 해바라기가 되었다
그런데..
해가 기분에 너무 좌지우지 한다

먹구름 끼면 해바라기는 해를 쳐다보지 않는다
아니..
쳐다보지 못 한다
그저 고개를 숙이고 있을 뿐이다

세월의 답답함이 길지 안길 바랄 수밖에
지금 할 수 있는 게 아무 것도 없으니..

조금 생각해 주면 안 되겠소?
씨는 품었으니
영글게는 해야 할 것 아니오

길을 묻지는 마시오!
앞만 보고 달렸는데
문득 혼자라는 걸 느낀다오..

온기는 위에서 천천히 내려가고
고통은 밑에서 빠르게 퍼져 나가는 게 일상사라오

울고 싶은데 뺨 때리지는 마시오
삶을 어리석고 서툴게 살아 왔지만
비 올 때 우산 뺏지 말라는 얘기요

행복은 마음 크기에 달려 있는 것 아니요?!
멋지게 져주며 삽시다
일일이 대응 하면 끝이 없으니까요!!

허리 up

허리를 펴고 걸어요..
똑바로 앞을 쳐다 보고!
빨리 걸으면 뭐해요
안전이 최고랍니다

그게 되면 아픈 사람이 아니죠..
누군들 땅으로 기어들어 가고 싶겠어요?!

아니요!
할 수 있습니다..
사람이니까 할 수 있는 겁니다
당신의 의지로 충분합니다

아!!
나그네는 말한 이를 다시 한 번 쳐다 본다

쳐다 본 나그네는 소스라치게 놀랐다
아니..
놀라지 않을 수 없었다
그는, 그는 글쎄 다리가 없었다

자세히 보니..
그의 다리는 로봇다리였다

그런데도..
잘~ 걷는다
앞을 똑바로 쳐다 보고
한 치의 흐트러짐도 없다

나그네는 생각해 본다
나는 뭐야..
허리 펴!
허리 펴란 말이야!!

coffee2

개원 기념일 이라고
병원 로비에서 따끈한 차 한 잔 하시라고 권한다
흔쾌히 받아 든 커피 한잔!
그러나..

받아 들기는 했지만
먹기가 쉽지 않다

서있기도 힘든 놈이
그것을 왜 받았누
어쩌려구..
쭈빗쭈빗

눈치를 보던 나그네는
부탁 한다

이 옆에 서서 먹어도 되겠습니까?!
혼잡한..
창구 옆인데..
앉아서 편하게 드시지요

그럽시다!!
세월이 좀 먹는 것도 아닌데

소파에 앉아서 받아 든 커피는
피로를 씻기에 충분한 맛이었고
기분도 up시켜 주었다
고마운 커피다

아니..
말하고 도와준 천사가 고맙다.

가을2

노릇노릇 하던 잎이..
벌써 울긋불긋 하네요
원색의 물결이 출렁입니다
살랑이는 가을바람이 부릅니다
콧바람 넣고 가라고 합니다

부르지만 가지 못 합니다
아니..
갈 수가 없습니다
운명이라 할까요?!
복이 없는 놈이라 할까요??

눈물속의 단풍이 얼룩져 갑니다
운명이라 여기기엔 너무 기구 합니다
훌훌 털고 가고 싶지만..
발이, 발이..
떨어지지 않습니다

환상 속의 단풍 밖에 볼 수 없습니다
감정을 억누르는 일도 쉽지 않구요

그러기에..
꿈속의 단풍은 달콤하기까지 합니다
두 다리로 뛰기도 하고요.

잔디

촉수가..
화단 경계석 위에 덩그러니 놓여 있다
종족을 유지 하고
살기 위한 몸부림을 알기에
대견함과 함께 애처롭다

마디 식물이라는데..
쟤는 살 수 있을까?

누구라도..
잘라서 흙에 꽂아주면 좋으련만
무심히 지나가는 이 밖에 없다
애처로이 쳐다보는 눈에
이슬이 맺혔다

촉촉이 젖은 몸을 감싸며
그리곤.. 말 하네

살려 주세요
이 얘기를 들은 나그네의 손은

어느새..
촉수 끝에 얹혀져
화단의 흙 위로 올려지고 있었다

쟤들도 생명이 있는데..
그냥 놔두면 죽을 것 같아!!

벗

벗이여 무엇 하는가?
삶의 힘겨움에 찌들어..
젊은 날의 언약을 잊고 살지는 않나?!
우리는..

너무 많은 것을 잊고 사네
선인들은 이야기 했지
친구 셋만 얻으면
천하를 다 얻은 것과 같다고

자네들은 있는가?!
연락이라도 주고받는가..
시간이 없어서 그렇다
핑계대지 마시게

흩어진 환경을 뭐라 하는 것은 아니네
소식 끊고 사는 사람은
시간이 있어도 안하는 것이네
내가 그런 게 아닌가?

한번 뒤돌아보게
해답은 내 가슴속에 있는 거네
휑한 가슴 끌어안고 살 건가..
쭈그렁바가지로 살지 말자구.

열무김치

어제 사간 것으로 김치를 담았어!
어제 저녁 먹을 때 먹었는데..
그렇게 맛있더라구..
아이, 참 누님도 가져 오시지..

괜한 어리광도 부려본다
오늘 라면 먹을 때 먹게요
선견지명이 있으면 가져 왔을 텐데.. 라고
앙탈도 부려본다

그러게 말이야!
에이, 미처 몰랐네
격의 없는 누님의 대답에
마음이 녹록해진다

이틀 재워 놨더니
환상적인 맛이 됐어..
고놈 참 기특하지
더도 말고 덜도 말고 이 맛만 유지해라

너를 먹고 있으니..
잃어버린 마음의 고향에 온 느낌이란다
복잡하고 말도 많아진 세상..
너를 한 입 물고 있어도 그럴까!!

행복의 江(강)

흘러흘러 여기까지 온 내가 용하다
악바리로 살긴 했지만
바보가 바보에게
이야기하고 싶어
사람들이 부인 잘 만났대..

난 이 얘기가
진실이라 믿고 있어

강은 굽이굽이 흘러서 바다로 가지
그 흐르는 사이
희노애락이 얼마나 많았겠어?
우리가 가는 길도
이 과정이라 생각해..

나의 디딤돌이 되어준 그대
아직 바다는 30년쯤 더 가야돼

내가..
부족하지만

같이 손잡고 가자

흩어지지 말고

끝까지 가자

고인 물 되지 말고

썩지 않는 행복의 江(강)을 만들자

out

가라!!
희망이 없고 절망과 눈물만 있음은 가라..

기본도 없고 천방지축이었던
나는..
살려고 얼마나 노력을 했던고
끝없는 도전 속에 살아야했고 살아남아야 했기에
눈물로 지새운 날은
부지기수였지!

살다보면 그러려니 하겠지만
억울함에 사무치는 이 마음을 어찌하오!

나는 무엇으로 사는가?
황량한 삶의 모래벌판에 서있는
그대여..
'춥다'를 느끼면
더 추운 거라오
희망은..
고개 숙인 사람에게는 깃들지 않지!

그래..
두려움, 절망, 슬픔은 가야겠지

스스로의 마음을
가꿀 줄 아는 사람이
광명의 빛을 볼 수가 있어
어려움은..
자네를 더욱 단단하고 강하게 할 거야
오늘보다 더 나은 내일을 꿈꿔!

사랑

나를 희생하는 건..
참된 사랑이 아닙니다!!

참되고 가치 있는 사랑은
자기 자신의 행복과
타인의 행복을 동시에 추구하는 것.
그것이 진정한 사랑이라 할 수 있겠지요

우리는 함께 행복해야 합니다

비워야 채울 수 있습니다
그렇지 않을까요

사랑이
처마 밑 빛바랜 연등처럼
달이 보이지 않는 저편을 꿈꾸고
정처 없이 흐르고 있네요
잡고 싶은데

잡지 못하니

내 마음이 새까맣게 타들어 가고 있네요..

가슴을 열면 따뜻하고
마음을 열면 뜨겁고
차가운 계절의 냉기를 녹이는 당신!
깊은 울림으로 다가와주오
도란도란 이야기가 흐르는 따뜻한 아랫목이 그립다우..

외톨이

정녕 나는 혼자란 말인가?
그대 있음에 내가 있는 건데..
쓸쓸함에 젖어 있는 나는
悲에 젖어 속살을 들어내고 있다오
그 마음을 아시겠소!!

혼자는 싫다오
그대 없음에 내 몸은 반으로 준 것 같소!
영혼도..
걷다..쉬다..
울다

내 골인점은 '희망'과 '화목'인데
지금 아무것도 보이지 않네요!
그대여..
사랑을 불어 넣어주오
뒤척거리다 툭 떨어지는..

흔들리는 꽃잎처럼 겹겹이 쌓인 生
짙어진 여인의 향기가 그립다오

인생의 미로에 서고 싶지는 않소!
화려한 도시를 배회하는
실패한 인생이 되기는 싫단 말이오.

희망

물 흐르듯이 자연스럽게 살고 싶지만 쉽지가 않다!
처음 시작하는 마음으로 여길라 해도
용이하지 않은 건
왜 일까?

희망은 앞에 있는 것이지
뒤따라오지는 않는다!
뒤따라오는 것은
절망과 포기가 넘실넘실 손짓하고 있지

우리가 태양을 바라봄과 같다고 할 수 있지
태양을 등지면 그림자는
앞에 있지만
바라보면 그림자는
내 등 뒤로 사라지고 말지

일상을 일탈한 어두움에 얽매이지 말고
너의
그 부드러운 '미소'에
무뚝뚝한 바위도 녹아들게 만드시게

쉽지 않겠지만..

가슴 먹먹해지는 인생의 퍼즐
미로 속에서 헤매이지 마시게나..
눈송이가 너에게 향하지 않는가?
이젠 내 삶을 지키고 싶을 거야

화려한 도시를
배회하는 실패한 인생이 되지 말고
햇볕을 품고 사는
주춧돌이 되시게나..

가로등과 나

나는..
세상에 나를 맞추기 싫었다
나한테 맞는 세상을 찾고 싶었다
풀잎이 손짓하고 바람이 춤추는 마음이랄까?

건아하게 걸친 술이
취기는 사라지고 집으로 향하는 길에
술 취한 가로등 놈이
깜박깜박 졸고 있네

삶은..
불꽃처럼 타올라 재처럼 소멸하는 것일진대
움트려한 봉우리가
바람 앞 촛불 신세가 되었구나

역사의 시곗바늘을 거꾸로 돌릴 생각은 없다
죽음의 지뢰를 피해 걷는 것이 삶인데..
대충대충 함부로 살기는 싫고
지뢰는 밟았는데 터지지는 안았으니 잘 수습되길 바랄 뿐이다.

삐다리

삐다리는 우리 담임선생님 별명이다
이것이 표준어인지 아닌지는 모르겠다
단지..
아이들이 잘못 했거나
어긋난 행동을 했을 때는 어김없이 나온 말이다

선생님이라 욕도 못하고
얼마나 답답했겠는가?
그런데 애들이 까불고 난리니
이 얼마나 속 터지고
안타까운 일이었겠냐 말이다

바보, 병신이라 이야기 하고 싶었으리라
하늘만이 아는 말이었으리라
너희가 선생의 마음을 알랴
까불고 날치지 마라
이 삐다리들아.

글쓰기

뭐!
문학이 뒤떨어진 사람
이상한 사람들의 산물이라고..

웃기지 마시게나
당신이 문학에 대해서 알기나 하는가?
깊은 고뇌와 성찰을 해 보았는가 말이다

글 쓰는 일이 그렇게 쉬운 일이 아니라오..
글쓰기 위해서
고뇌하고, 고뇌해도
나오지 않는 말을 경험해 본 적이 있냐 말이오

쉽게 이야기 하지 마시오
이상하거나 독특한 사람들의 산물이 아니라
생각과 명석한 두뇌에서 나오는
기분 좋은 선물이라오.

살만한 세상

따르릉, 따르릉..
찌뿌둥한 몸을 자명종 소리에 맞혀 부스스한 눈을 비비며 일어난다.
오늘도 가야지..
내 자의지만 국립재활원이 부르지 않는가?
교통사고로 집에만 처박혀 있을 때는 꼭 죽을 것만 같았다. 그런데,
국립재활원을 알고부터는 생각이 달라졌다. 좋은 선생님들한테
치료를 받고 운동하면 나을 수 있다고 생각되어졌다. 처음에
국립재활원에 갔을 때는 잘 걷지도 못하고 넘어지기 일쑤였다. 그런데
꾸준히 치료하러 다니며 운동하니, 지금은 잘 걷는다, 넘어질 걱정도
한시름 접었다.
여보!
이제 걱정일랑 멈추시구려, 내 당신의 노심초사를 어떻게
잊으오리까..
백년을.. 아니 천년을 갚아도 다 못 갚을 것이 외다.
천년이 되도 못 갚겠지만 이말 만은 진심이오.
사랑하오!

안개꽃

인간은..
어디서 와서
왜 살며
어디로 가는지 알지 못한 채

삶의 허무와
무의미의 절망
무(無)의 절망에 허덕이며
살아가고 있습니다

당연히..
인생은 한정적이지요
그렇기에 오히려 인생에 귀중한 선물이기도 합니다
인생은 되돌릴 수 없습니다

죽음을 직시함으로써
매순간..
현명한 선택의 중요성을 깨닫게 되는 것입니다
이것이 인간입니다!

위안부

강한 자가 약한 자를 잡아먹는
친절할 정도로 이해하기 쉬운 이 세계라지만
너희는 그러면 안 되는 거였다

잘못을 인정하라
천하의 망나니가 아니라면
숨어서 득실 따질 것이 아니라
죄를 지었다면
처벌받는 것이 식자의 도리다

당한 사람들의 석양
그리고 어둠..
또 하루가 멀어져가고 있거든

너희들이 진정 대국이고
앞으로 나아가고 싶다면
소국처럼 쫌생이 짓 하지 말고
산 사람은 물론이고
죽은 자의 영혼도 달려내라.

착각

'백마 탄 왕자'는 없다
혹..
있다 해도 내 몫은 아니다

가끔 내 몫이라고 착각될 때도 있지만
그냥..
착각일 뿐이다

조각 같은 몸매
유머, 강철체력에 재력까지 갖춘 남자
그런 남자가 어디 흔한가..

완소남..
완소남이 꼭 현실에 널린 것으로
여겨질 때가 있었다

여성들의 로망이 살아나고
완소남 열풍이 불었는데
결과는 웬걸

눈높이가 높아진 청춘은
'그냥 남자'가 성이 찰이 없고
그냥 남자도 완소녀를 찾는데

애꿎은 청춘만 골탕 먹는다
완소남, 완소녀만 찾지 마라..
훈남, 훈녀도 귀하다.

친구2

친구 사이에서
가장 필요한 것은

상대방에게
필요한 것을 주는 것이라 생각한다

위로가 필요한 사람에게는 위로를
칭찬이 필요한 사람에게는 칭찬을

울음이 멈추지 않는 사람에게는
같이 울어주는 것이 진정한 친구이다.

향기

코를 찌르는 향기만이
좋은 향기는 아닙니다!

있는 듯, 없는 듯
은은하게 풍기는 향기 또한
훌륭한 향기라고 할 수 있지요

사람에 따라서는
장미와 같은 짙은 향기보다
매화처럼 은은하게 내뿜는
암향을 더 선호하기도 합니다

바로
우리의 인생도 그러해야 하지요

매화의
고고한 암향이 느껴져
지친 삶을 추스르는 활력을 얻어야 합니다

그렇습니다!

합리적인 생각으로 살다보면
숱한 실패도 할 것입니다
하지만 은은한 향기 내뿜는 사람으로 살아야겠지요?!

START

가자!
그래, 이제 시작이야
지천명이 넘었지만
불편한 팔, 다리지만
무엇에 굴하리오

자기 모습을 그대로 받아들이자
안 된다는 생각이
헛생각이 되게 하자
헛것에 인생 낭비는
자신에 대한 은밀한 살인 아니던가?!

'삶의 위기'라는 건
지극히 주관적인 나의 생각이지!
남들이 어떻게 보든
나와 다른 시각
'역지사지'를 보자

모든 건 변하는 게
변치 않는 진실

한번 흘러간 물은
물레방아 못 돌리는 것!
눈물도 빛나게 하자

과거로 돌아갈 수는 없다
서 푼짜리 노여움은 버리자
나의 운명을 사랑하자
내 것으로 받아들일 때 분노는 사그라지는 것
관점의 변화로 '인생 위기' 극복하자.

가을

하나, 둘..
떨어지는 낙엽이
가을이 익어 감을 알린다
종종 걸음의 치마 바람이 바쁜 일상을 알리고

청소부 아저씨의
빗자루 손놀림이 바빠지려 하고 있다
빨갛고 노랗게 물든 가을
따사로운 햇살 아래서 단풍을 즐기는 것도 잠시..

우수수 떨어진 도시의 낙엽들
금세
바스락바스락
낙엽 밟는 소리에 마음을 빼앗긴다

꿈이 많은 아이들은
굴러가는 낙엽만 봐도
까르르 웃을 테고
한 장 넘기는 달력에

시선을 멈추는 누군가는
떨어지는 가랑잎 사이로 인생을 담는다
계절이 산에
붓질을 한다

다래기

부럽다
여유가 넘친다
온화한 얼굴이 상쾌하다
구김도 전혀 찾아볼 수가 없다

하루는
한쪽 눈에 안대를 하고 왔다
이상했는지 옆에 있던 동료가 한마디 거든다
아니, 눈은 왜?

으응~
애정 결핍증!
묻어나는 위트가 여러 사람 웃게 한다
불편함에 구김이라곤 찾을 수 없다

그래!
저렇게 사는 거야
좀 불편해도 여유 있게 살자
그렇게 살자

오늘 지구가 멸망해도
나는 지금 한 그루 사과나무를 심겠다고
성인은 이야기하지 않았는가?!
이것이 인생 곱이곱이 길잡이가 아니겠는가..

대추

슬그머니 대추 2알을 건넨다
보기에 탐스럽다

하나 줬으면 하는 생각에..
대추보고 안 먹으면 늙는대.. 그랬더니
얼른 한 알을 준다

입에 넣고 한입 물어보니
신선함이 제대로다

이래서 안 먹으면 늙는다.. 그랬나!
상큼함이 콧등을 찌르니
달래길 잘했나 보다

입에 들어가는 순간 행복이 말한다
순수의 날개 달라고..

삶은 아름다움과 행복을 추구하는 것
입에서 퍼지는 상큼함이
행복을 수확하는 느낌이다.

가슴 한 구석..
뻥 뚫림으로 전해오고

이젠..
세상 시름 잊으라고 말하네
맨 얼굴을 만나라 하네.

독도

독도가 너희 땅이라고..
택도 없는 소리 말거래이

36년간 주권 찬탈이 모자라
지금도, 지금도..
터무니없는 소리로
마음 아프게 할래?!

거기가 너희 땅이라면
대한민국에 조공은 왜 바쳤누

까불지 마라
그 따위로 하니까
친구하자는 마음 사라지고
자꾸 적개심만 불타는 것 아닌가??

만고의 진리를 거스르지 말거나
제국주의 같은 망상에서 벗어나시라고

너희가 아무리 우겨도

독도는..
대한민국의 고유한 영토야
유소작위[1] 하지 마라

명분의 삶 내던지고
너희 나라나 잘 지켜

천방지축 까불다간
원폭 한 번 더 맞는다!
바보가 아니라면..
나중에 후회할 짓은 말라.

---

1) 유소작위 : 적극적으로 참여해 하고 싶은 대로 한다

동생아

50년 동안 누린 자유가 어때?!
좋았어??

한 가지..
잊은 것이 있어!
네가 가장 소중해
너를 위해 살아야 했어

지금..
이게 무어야

너는..
네가 지금 잘나간다고 생각해??
50년 동안 살아온 게
이거야..

자격지심에 살면 안돼
네가 어때서

젊은 시절 다친 눈 때문에..
그건..
이유가 될 수 없어
지금도 늦지 않았어

너를 위해 살아!
술, 담배로 너를 죽이지 말고..

장가도 가고
오순도순 재미있게 사는
너를 보고 싶어
이것이 바람이야.. 이뤄주라.

등산

오순도순 이야기하며
걷는 발걸음이 가볍다!
남자가 한발 앞서서 걷지만
정겨운 모습이 한 쌍의 원앙이다
등산을 다녀오는 모양이다

휠체어에 앉아서
바라보는 그들이
나그네는 얼마나 부럽던지..
보고 또
바라 본다

나도..
저런 날이 올 수 있을까?!
나그네의 수심은
깊어만 간다
아..

언감지심..
턱도 없는 생각인가!

여보게.. 그런 생각 마시게
자기 과거로부터의 탈출
이것이 인생의 묘미 아니겠는가?!

그런 생각
못 간다는 생각이
과거의 집착이네
버리게..
비워야 새로 채워지는 것이 인생사라네.

말2

말 한마디에
천 냥 빚을 갚을 수 있는데..
아시는가?
모르시는가!?

우리는..
너무 엄벙덤벙 살지는 안았는지
곰삭은 말을 듣기 원하는 게
인간의 속성인데..

그러나..
일구이언해서 이부지자는
되지 마시라
우스운 사람 되지 말라구

남아일언 중천금을 명심하고
내 안의
나를 깨워
가벼운 사람 되지 말라는 얘기야

가벼운 사람일수록
말실수는 뻔한 것 아니겠어?!
芒刺在背(망자재배)[2]한 기분으로
살지 마시라!

---

2) 망자재배 : 등에 가시를 진 듯 편치 않다

무당벌레2

가교세대..
다들 어렵게 산다

나이 드신 어르신 모셔야지
제 앞가림 못하는 자식 챙겨야지
3순위로 밀린 나 보듬어야지
3세대의 부담을 한 몫에 지자니..

어깨는..
짜부러지고 처진다

60년대에서 8~90년대로
가교 역할을 한 그대들
청년기..
추억과 풍물은 한 장의 사진첩에 남기시라

대책은 어디서 찾나
걱정은 되겠으나

우리는..

숱한 고통과 좌절도 겪지 않았던가?!
걱정하지 말자!!
스스로 찾고 일어나자.

술

한 잔 술에..
취해도 좋소!

시름이 깊어지거든
모든 걸 내려놓고 취해버리소
아프니까 청춘 아니오..
간이 녹아날 정도로 힘든 걸 아오!

강한 자가 살아남는다..가 아니라
살아남는 자가 강한 거라오

해뜨기 전이 가장 어두운 것..
패턴 깨지고 갈수록 거칠어짐을 느끼오?
나는 제대로 살고 있나.. 속앓이는
스스로 도는 팽이 되기 위한 과정이라 생각 하오

 깨달음은 마음을 비우는 것
무위무불위 되기 바라오

새벽이 오고 있소..

한 잔 술로
시름은 잊고
머리가 아닌 몸으로 기억하길 바라오

밑바닥 인생이라고..
누가 손가락질 하리오

얻는 것보다 어려운 것은
내려놓는 것!
첩첩산중에 물은 겹겹이라도
삶을 지탱하는 건 희망이라오.

아지랑이

허한 기분과
시간의 향기 품고 사는 낯선 인생 길

서로 삐걱대며 생채기 내는
그럼에도 껴안을 수밖에 없는 것이 부부
그러나..
결국 희망 향해 같이 나아가는 존재

부부가 한 잔 술로
하루를 마무리 하는 삶도 '참 착한 인생' 이려오.

오줌 줄기

몰라보게 약해졌다
나오는 속도가 느리다

어릴 적 급해서..
요강에 쉬할 땐
깨지는 소리로 요란도 했었다

세월은 흘러흘러..
중년이 돼서도 몰랐다

지금은..
병든 몸만 덩그러니
인생무상을 느낄 만도 하다

세월아..
야속타!!

엄니의 살아계실 적 아들과의 비교는
귀담아 듣지도 않았었다
그러러니 했었다

현재는..
실감 난다

거꾸로 돌릴 수 없는
시계를 바라보며
회상에 잠긴다.

온풍기

운다!
엄동설한 차가운 실외기에서
눈물이 흘러..
빙판을 이뤘다

어휴, 추워..
밖이 왜 이리 추우냐
안에 들어오니까
좀 살 것 같네

어서들 들어오시게
추운 사람들은 오시오
나는 힘들지만
당신들의 추위를 녹여 주리라

나의 의무는..
당신들의 추위를 녹여주는 것!
나의 눈물은 관여치 마시오
나는 당신들의 추위를 녹여주기 위해 태어난 몸

내 생명..
다 하는 날까지
당신들 떨지 않게 하리라
내가 있으므로 당신들을 살 것 같게 하리라.

인생2

하루하루 살아가는 것이 인생!
우물쭈물 하지 마라
오늘이 지나가면
내일은 없는 것

안하고 후회하느니..
하고 후회하라
당신의 선택이
옳을 수도 있고 그를 수도 있으나

그냥 지나가면
남는 건..
후회가
인지상정이라

눈앞에 두고 후회하느니
저질러라!
실패하면 어떡하나를 걱정마라
거기에 대한 해법은 꼭 있는 것

찾으려고 노력하면
반드시 해답은 있다
인생..
어렵게 살지 마시라.

일

점심때가 되었는데
일이 덜 끝났다고
조금 있다가
먹는 단다

나그네가..
한마디 건넨다
식사 하셔야죠!
아직 할 게 있어서요

아니요..
식사 제때 하셔야 해요
저도 안 아플때는
그걸 몰랐어요

가장 소중히 여길 것은
나예요
내가 제일 소중해요
내 안에 깊숙이 똬리 튼, 일 조급증이

내 생명을 갉아먹는
눈물의 전주곡이 되는 거예요
일에 밀려 떠밀려 살지 말아요
나에게 생명의 혼을 불어 넣어 줘요.

자살

맹꽁이도 슬피 운다!
사는 곳은 10층
생을 하직 하고자
난간에 섰다

그런데..
밖을 우연히 보는 순간
왜 이리 무섭냐
이런, 줏대 없는 놈

그래 가지고
무슨 자살이냐!?
이 멍청아..
그래가지고는 자살 못해..

그냥!
열심히 살아
진짜 죽을 마음이 있었다면
'나는 죽었다' 하고 미친 듯이 살아

한번 죽었던 놈이
무얼 못 하겠냐
그렇지 않냐
'나는 없다'라고 생각하면..

열심히 살 수 밖에 없을 거야
조삼모사가 되지 않게 해야 해..
내일의 해는 또 뜨는 거야
넓게 봐.

두꺼비가 울때

초판 1쇄 발행 2013년 11월 10일 초판인쇄

지은이 당해중
펴낸이 장길수
펴낸곳 지식과감성#
출판등록 제2012-000081호

디자인 임혜수
편집 김혜민
교정 박소미
마케팅 안신광

주소 서울시 금천구 가산동 60-5 갑을그레이트밸리 402호
전화 070-4651-3730~3
팩스 070-4325-7006
이메일 ksbookup@naver.com
홈페이지 www.knsbookup.com

ISBN 979-11-5528-084-3(03800)
값 9,000원

ⓒ당해중 2013 Printed in Korea

잘못된 책은 구입하신 곳에서 바꾸어 드립니다.
이 책의 전부 또는 일부 내용을 재사용하려면 사전에 저작권자와 펴낸곳의 동의를 받아야 합니다.

이 도서의 국립중앙도서관 출판시도서목록(CIP)은 서지정보유통지원시스템 홈페이지(http://seoji.nl.go.kr)와 국가자료공동목록시스템(http://www.nl.go.kr/kolisnet)에서 이용하실 수 있습니다. (CIP제어번호 : CIP2013023042)

홈페이지 바로가기